JN410422

만인시인선 · 43

갈라파고스

권운지 시집

갈라파고스

만인사

자서

나도 모르게 갈라파고스로 왔다.

기다림의 세월이 길었다.

아픈 진화의 과정
잠 못 이루던 응시가
저 섬들에게 위로가 되었으면 한다.

차 례

차 례

2

3

차 례

차 례

1

플러그

플러그를 꽂고서야 피가 돌았다. 호흡이 시작되고, 청각과 미각이 살아났다. 놀이공원 회전목마처럼 가슴이 뛰었다. 플러그를 꽂고서야 아침이 왔다. 육중한 생산 라인이 돌기 시작했다. 거대한 컨베이어벨트를 타고 조간신문이, 우유배달 아줌마가 왔다. 나는 날마다 업그레이드된다. 나의 몸 어딘가에 시끄러운 대륙이 들어오고, 오염된 바다가 출렁인다. 나는 날마다 용량이 늘어나고, 자주 어지러움증에 시달린다. 평형기관에 심각한 이상이 생겼다. 몸은 캄캄하고 계기의 수치들은 불안정하다. 의사는 플러그를 뽑지 말아야 한다고 경고한다.

고장난 시계

고장난 시계를 고치려고 시계점에 들렀더니 잃어버린 시간들이 그 곳에 다 있었다. 그 집의 뻐꾸기시계가 뻐꾹뻐꾹 크게 울었다. 어슴푸레 뻐꾸기 소리를 따라가다가 나는 그만 길을 잃고 만다. 뻐꾸기 소리는 고장난 시계 속의 길, 그 길은 小路다. 나는 몸을 구부려 그 길로 들어섰다. 긴긴 회랑 끝에서 한 아이가 걸어 나왔다. 산밭으로 가는 길에는 우유빛 안개가 끼어 있고 아직은 찔레순이 여리다. 찔레순을 잡는 아이의 손등에 투명한 이슬이 맺혔다. 주인은 웃으며 야쿠르트를 권한다. 야쿠르트 빨대 속으로 찔레꽃 향기가 빨려 나왔다. 주인은 가느다란 핀셋으로 낡은 내 시계 속에서 찔레꽃 한 잎을 들어냈다. 아이의 몸에는 찔레꽃이 피고 있었다. 꽃피는 시간 속으로, 시간을 맞추어 드릴까요? 건전지를 교환한 내 시계를 건네줄 때, 뻐꾸기 소리 밖으로 문을 열고 나오지만 나는 다시 길을 잃는다.

가방

오래 전에 선물로 받은 갈색 가죽 가방
손때 묻어 이제는 육신의 한 부분이 된
끌어안으면 부드러운 살갗의 촉감
서로 익숙해진 체취
많은 것을 구겨넣고 많은 것을 토해내
헐거워질대로 헐거워진
세워놓아도 자꾸만 한쪽으로 기울어지는
낡은 가죽 가방의 펄펄 끓던 전생에 대하여
가방이 되기 위해 거세되었을
그것의 말랑말랑한 꿈에 대하여
한 번쯤 회개해 보셨는지
무모한 손에 대하여
황금으로 변해버린 사랑에 대하여
한 번쯤

갈라파고스

적도 아래 갈라파고스 제도가 있다
거센 해류와 수많은 암초로
바다 한가운데 저마다 고립되어
섬마다 방울새나 거북이가 진귀한 진화론을 쓰고 있는
갈라파고스 갈라파고스 갈라파고스
나직이 되뇌어 보라
멀지 않은 곳에 갈라파고스가 있다
춘란이 꽃을 피우지 못하는 사무실
책상 아래 무수히 뒤엉킨 전선들
수백만 볼트에도 감전되지 않는
잠을 잊은 야행성으로
생존을 위한 이 혹독한 진화
우리는 이 섬의 고유종이 되고 있는 것이다

봄에 쓰는 시

제재소 앞을 지나올 때 죽은 나무가 뿜어내는 향기에 몸서리친다. 죽은 나무의 혈액이 아침에 넘기는 책장에 묻어있다. 나는 본다. 은폐된 봄의 이미지, 맹렬하게 돌아가는 전기톱과 완강하게 통나무를 밀어넣는 사내들의 말없는 노동, 줄지어 기다리는 야적장의 나무들을. 절단된 꿈의 비명이 톱밥처럼 흩어지는 봄날, 억압된 충동들이 켜켜이 잘리어져 우리들의 의도와는 상관없이 생소하게 변형되고 있는 것을. 사내들의 손에 들리어져 나와 가지런히 묶여지는 저 희고 향기로운 판자들은 무엇일까. 라디오에서는 종일 뇌사에 대한 논쟁이 격렬하다. 한 죽음이 오랜 세기 동안에도 종료될 수 없음을 본다. 이 봄날

낙화를 따라 가다

한 남자가 강물에 투신하였다고 아침 뉴스가 전한다. 뉴스를 전하는 화면 속으로 벚꽃 눈부신 봄이 강물처럼 출렁이며 지나간다. 그 남자의 지난했을 생애가 간단명료하게 자막으로 처리되었다. 낙화보다 빠르게 지나갔다. 작은 파문도 일으키지 않았다.

벼랑까지 떠밀려와 꽃잎처럼 몸을 날린 그 남자를 생각하며 나는 지금 그 화면의 봄 속을 지나가는 것이다. 그 남자가 남겼을 유서 속으로 환하게 꽃 핀 길은 분명 무엇인가를 숨기고 있다. 해독이 어려운 은유처럼 햇살 속에는 비밀스런 향기가 섞여있다. 어떤 향기는 잠결에 들은 고함 소리 같다.

검은 껍질을 뚫고 나와 꽃들은 일제히 절벽에 매달려있다. 미풍에도 꽃의 중심은 뜨겁고 소란하다. 여린 꽃잎에서 절벽을 들어올리는 힘을 본다. 절벽 하나가 하르르 무너진다. 누군가 경적을 울렸다. 아찔한 어지러움에 나의 몸이 강물에 기울어졌다.

가구

한밤 내 가구들 소곤거린다. 고향이 어디냐고 통성명을 한다. 희미한 추억의 나이테 살피며 잊었던 내력을 들추어낸다

수많은 새들이 깃들었던 둥지의 시간이라 불러주세요

천의 잎을 파닥이며 우주와 성교하던 꽃의 시간이라 불러주세요

열두 세상을 꿈꾸던 노을의 시간이라 불러주세요

야적장과 톱날을 거쳐 온 세월, 까마득히 잊어버린 그 이름

모하비

그 남자 슬리퍼를 끌고 나간다. 그는 분리수거장 옆 시멘트 벤치에 앉아 담배를 태울 것이다. 하루에도 몇 번씩 그곳으로 나간다. 종일 사막을 통째로 빨아들여 온몸이 절여졌다. 눈이 붉게 충혈되었다.

어둠 속에 구부정한 그 남자 일어나 일터에서 돌아오는 아내를 맞는다. 검은 비닐봉지를 받아든다.

깊은 밤 슬리퍼 소리가 사막 위에 긴 자국을 남긴다. 그의 손이 어둠을 더듬을 때 나는 모하비사막을 지나가고 있었으리라.

잠 없는 사람들의 구부린 등에서는 소금꽃이 피어나고, 협곡에서 불어오는 바람에는 염분이 묻어있다. 건기의 사막은 초목들을 일정 간격으로 흩어놓았다. 손을 내밀어도 닿지 않는다. 이곳이 한 때 바다였던 것을, 강이었던 것을, 초원이었던 것을 누가 믿겠는가.

동행

시동을 켜면 시작되는 당신, 하루에도 몇 번씩 잘못된 진로를 탐색해주며 그림자처럼 나를 따라다니는 당신, 나의 망설임 나의 우회를 알고 있어도 좀처럼 내심을 털어놓지 않는 당신, 밥을 먹지 않고 살아가는 당신, 너무 가늘어서 꿈도 꿀 수 없는, 얼굴 없는, 목소리만 있는 당신, 곳곳에 불어나는 당신, 홀로 고속도로를 달려 휴게소에 들를 때 밥이라도 같이 먹고 싶지만 진정 만날 수 없는 당신, 손도 잡을 수 없는

私信

내실의 쥐똥나무가 수상하다. 명확한 확증에 단서를 잡지 못한 채, 오늘 비로소 우수를 보내고, 절제된 가지의 긴긴 침묵 위로 더디게 다가오는 謫所의 봄. 겹겹으로 에워싼 감시망을 뚫고, 무엇이 화분의 쥐똥나무를 설레게 하였는지 오늘밤 내가 지켜 보고자 한다. 밤이 깊을수록 유혹의 손길은 끊임없고, 홀로 버티는 파수꾼의 밤은 곤혹스럽다. 못 미더워 완강한 철제대문의 문고리를, 거실의 이중창들을, 방으로 통하는 출구의 자물쇠를, 열두 번씩이나 부정해 보는 오늘밤도 첫닭의 울음소리는 목전에 당도하고, 이 완벽한 차단의 담벼락을 뚫고 들어와 두드러진 잎눈마다 봉인의 밀서를 걸어두고, 무엇이 이 방을 다녀간 것인가 나는 아직 알지 못한다.

지난 밤

봄볕에 그 집 주인이 분갈이를 하고 있다
건조한 꿈속을 빠져나온 단세포의 뿌리털이
옹벽 속에 무성하게 뒤엉겨 있었다
갈증의 밤마다 져다버린 한 짐의 가설과 의혹
그 절망의 하얀 실뿌리를 본다
마른 땅 속을 울리는 비폭력의 함의를

섬의 적멸

부음을 받고서야 그가 오래 전 섬으로 갔던 것이 생각났다. 평생을 달려간 길의 끝이 섬이었다. 링거병을 달고 있던 섬의 손목이 푸르다. 섬은 휠체어를 타고 긴긴 회랑을 오갔을 것이다. 마취와 통증 사이 질푸른 심해를 조금씩 혼자 저어가기도 했을 것이다. 아흔아홉 번의 후회를 붉은 노을에 풀어놓기도 했을 것이다. 아침엔 젖은 깃발을 올려보기도 했을 것이다.

흰 장갑이 섬을 들어 올렸다. 유리창을 사이에 두고 섬과 고별식이다. 애끓는 오열이 벼랑 아래 끓어올랐다. 오랜 통증이 기화되는 시간, 육중한 문이 열리고, 또 한 차례 남은 울음을 추려냈다. 이렇게 환하게 적멸에 들다니, 통증이 분리되고 먼지처럼 가벼워진 섬, 경전인양 자기 항아리에 담겨 건네진다.

균열

늦가을 이화령 부광요에 가서 칡꽃차 한 잔 얻어 마셨다. 침향을 피워 세상의 소음들을 지우고 주인은 분청 찻잔에 칡꽃차를 따른다. 찻잔에 퍼진 균열이 일정 속도를 이룬다. 저 속도를 다스리던 불꽃을 생각해본다. 산 높고 골 깊은 세월을 돌아돌아 균열은 퍼져나갔으리라. 칡꽃향이 균열에 스며들어 한 생애를 적신다.

사막의 사랑

모하비사막을 지나갈 때 우리들의 사랑이 얼마나 추상적이었나를 깨달으리라. 몬순풍이 불어오는 멕시코만을 향해 묵묵히 걸어가는 선인장들을 간간히 보리라. 울지말아라. 가시투성이 그대가 홀로 남아 사막의 주인이 된다면 기쁘지 않겠느냐. 저 농염의 햇살이 작은 풀잎의 그늘까지 파고들어 오금을 떼지 못하는 뿌리 곁에 누우면 우리의 삶이 얼마나 구체적으로 보이느냐. 우리의 속삭임이 얼마나 분명하게 들리느냐. 그 어떤 뜨거움으로 불러도 껴안지 못하고 그리움 사무친 가시를 매단 채 우리의 사랑은 지금 사막의 중심을 걸어가고 있다.

2

고로쇠나무

나무들마다 비닐호스를 박아 놓았다. 누군가 고로쇠 나무의 수액을 받고 있다. 고로쇠 물만이 그의 병을 고칠 수 있다고 한다. 고로쇠 물은 고로쇠의 늑골에서 흘러나오는 어둠 눈 덮인 지리산에 가면 그 물을 먹을 수 있다. 그 어둠을 만날 수 있다. 뼛속 깊이 박힌 얼음 알갱이를 녹여내는 어둠의 환골탈태를 볼 수 있다. 플라스틱통을 가득 채운 그것은 모두 고로쇠의 살갗을 뚫고나온 물, 3월에 눈 덮인 지리산으로 가는 길이 이처럼 고독한 줄 몰랐다.

블랙홀

고속도로 옥포분기점 휘어진 진입로에서 쓰러진 너를 보았다. 분명 길을 잘못 들었으리라. 알 수 없는 큰 힘이 너를 당겼을 것이다. 질주하는 차량에 부딪혀 튕겨나갔을 것이다. 너는 괴로운 듯 가쁜 숨 몰아쉬고 있었다. 팽팽해진 가속기를 멈추기엔 짧은 거리, 너는 이미 위험한 지점까지 들어와 있었다. 핸들을 잡은 손이 흔들렸다. 궤도 위의 모든 것들이 잠시 기우뚱했을 뿐, 크고 작은 차량들이 꼬리를 물고 달려와 나의 외마디 외침도 잠깐 사이 맹렬한 바퀴 아래 흔적 없이 뭉개져 버렸다. 도저한 속력으로 이어지는 저 행렬들, 빨려든 것들은 두 번 다시 빠져 나갈 수 없는, 이곳은 블랙홀이다. 고밀도의 별이다.

아파트의 진화

만날 때마다 등을 굽히는 남자, 전기난로 옆에서 식은 저녁을 먹고, 창 밖의 어둠을 지켜보며 섬이 되어 떠오르던 남자, 종일 정보지를 뒤적이며 일자리를 찾던 아파트 경비실 김씨

김씨는 분명 키폰 속으로 들어갔을 것이다. 번쩍이는 키폰을 누를 때마다 김씨의 짧은 신음 소리가 들린다. 김씨는 네 자리 비밀번호나 고성능 카메라 렌즈로 환치되었다. 완벽한 알리바이가 되었다. 깊은 밤 미동에도 예민해지는 아파트

황홀한 잠

山北에 가면 한 남자가 썩고 있지
그 남자의 푸른 釘이 썩고 있지
그 남자의 지난 세월, 추억이나 눈물까지도
썩어서 두엄이 되었지
오래된 작살이나 살촉 같은
그 남자의 고통까지도
썩어서 노래가 되었지
그 곳의 아침은 昏睡의 안개로 가득하고
골짜기 가득 맑은 노래가 흘러가네
그 남자의 노래가
현이나 보 아래를 못 미처 사라지고 말 것이지만
긴 강에 닿지는 못하겠지만
그 남자는 한 낮에도 코를 골며 자고 있네
평화처럼 달콤한 잠에 빠져
흔들어도 일어나지 않네
과수원 낙과처럼, 돌담 아래 꼭지 빠진 애호박처럼
세상 밖으로 떨어져 나와
혼곤히 썩고 있네

온 몸에 곰팡이가 피어
해체되는 황홀감에 빠져 있네
산북에 가면 이미 그 남자를 만날 수 없지만
그 남자의 모든 것을 찾을 수 있다네

비어있는 중심

우수가 오기 전에 포도나무의 묵은 껍질을 벗겨내야 한다. 묵은 껍질이 감싸고 있는 벌레를 잡아내야한다. 나는 이빨이 단단하고 입언저리가 붉은, 살 속 깊이 박혀있던 그 벌레를 본적이 있다. 벌레는 언제나 중심을 겨냥한다. 껍질에 아물 수 없는 상처를 내고 중심으로 들어가 가장 소중한 추억을 갉아 먹는다. 중심의 불꽃을 갉아 먹은 힘센 그 벌레는 수족을 마비시키고 실어증을 유발한다. 맥박이 느리고 식욕이 없는 것도, 제철에 꽃을 피우지 못하는 것도, 해마다 내가 봄앓이를 하는 것도 순전히 그 벌레 때문이다. 잘 벗겨지지 않는 거무죽죽한 마른 껍질을 찢어낸다. 섬유질처럼 질긴 날들이 먼지 파편을 일으키며 떨어져 나왔다. 저 어두운 협궤, 벌레가 파먹고 지나간 줄기는 터널처럼 속이 비어 있고 조금만 건드려도 무너졌다. 벌레는 간 곳 없고 캄캄한 터널 속에 벌레의 검은 배설물 같은 시간들만 쌓여있다.

숲

숲은 평화를 위장하고 바람소리로 어설픈 음악을 만들며 새들을 유혹한다. 흐린 날은 눈을 찡그리고 숲을 들여다보아야 한다. 숲은 허황된 소문처럼 여러 갈래로 길을 갈라 망설이게 한다. 숲은 철책을 숨기고 있다. 나뭇잎 무늬의 무기나, 벙크를 숨기고 있다. 숲은 보이지 않는 손과 안개를 숨기고 있다. 숲에서 몽상은 위험하다. 철책에 갇히거나 안개에 길을 잃는다. 오래전 숲에서 실종된 남자를 아직 찾지 못했다. 그 남자는 외따로 안개 속을 걸어갔던 것이다. 철책 옆에 되돌아간 수많은 발자국, 누군가 망설이며 길을 찾았던 곳.

고양이를 기른다

늘 비어 있는 집을 위하여 고양이를 가져오던 날, 이 집은 고스란히 고양이에게 맡겨졌다. 고양이는 내가 오를 수 없는 등나무 줄기나 담벼락을 기어오른다. 이 집의 한 번도 올라가 본 적 없는 지붕 위를 하루에도 수십 번 오르내린다.

마룻장 아래, 지하실의 첩첩 어둠을 들춘다 한밤중에도 꽃과 잡초들이 자라는 깊은 뜰을 어슬렁거리고 벼랑의 어둠을 물어뜯는다. 헛간마다 앙칼진 울음을 묻는다. 조금만 방심하면 내실까지 침범한다. 작은 소리에도 민감하여 등을 곧추세우고 매섭게 노려보다가 잽싸게 달려온다. 잠 속까지도

날카로운 발톱을 세울 때도 있다. 고양이에게 할퀸 자국을 나는 몇 개나 가지고 있다. 지금 고양이는 발톱을 숨기고 내 옆에서 뒹군다. 나는 저 날선 敵意를 즐긴다

어항

어항을 처음 사오던 날
내 마음은 한껏 부풀었다.
그때는 희망적이었고
그것이 죽음의 일부인 줄은 몰랐다.
내가 풀어놓은 물고기들의
자유로운 유영을
수초에 감기우는 달콤한 평화를
완벽한 화해를
꿈꾸기도 했었다.
몇 마리 물고기와 함께
그날 나는 투명한 유리벽 속으로 들어갔다.

폭설

한 때 기쁨이었던, 나의 살갗을 뚫고나간 저 희고 차가운 아이들은 여태 어디에 숨어 있다가 한꺼번에 몰려오는 걸까 까마득한 검은 시간 위에서 두려움도 없이 뛰어 내리네 무릎이 저리지도 않는지 사뿐사뿐 내려앉아 마른 나무의 혼을 깨우네.

한때 고통이었던, 네게로 흘러 보낸 강물은 어느 바다에 섞여 반짝이다가 이제 돌아오는 걸까. 구름이었다가 바람이었다가 투명한 결정으로 살아나는 말의 조각들 통증처럼 쌓이네, 부어오르네.

야밤중에 나도 모르게 흰 산맥 너머 세상 밖으로 보내지다. 수신기는 고장이다. 저 눈부신 폐허, 도로망을 복구하려고 삽질이다. 종일 갈비뼈가 결린다.

향기

기억의 방마다 불을 밝혀 향기를 만드는 나무, 꽃핀 나무 아래 지나갈 때 온 몸이 감전된다. 저 향기 나무를 흔들고 간 바람이나 우레다. 격렬함이나 애잔함이다.

향기는 가벼워 순식간에 생애를 점령한다. 최초의 밤이 그 향기에 갇힐 수 있다. 향기는 옛 상처를 건드린다. 향기는 고함 소리, 어지럽고 참회하게 한다.

세상 밖 노을 속, 몸 안에 수만 개의 등을 켜고 서있을 당신, 무거운 몸 다 태우고 봄 하늘 가득 날아오른 당신, 향기 속을 빠져나오기에 한 세기가 걸린다.

그 통로

출구쪽 통로의 진열장을 피할 수 없다. 어린 사슴과 멧돼지와 두 눈을 부릅뜬 독수리, 그 박제들과의 대면을, 그들은 모두 유리관 속에 진열되어 있다. 햇빛이 차단된 회색 벽면을 배경으로, 조명장치가 있긴 하지만 어둡고 침침한 그 통로를 지날 땐 왠지 모를 두려움을 느낀다. 그들이 유리관 속에 있다고는 하지만 일순간 잃어버린 성대를 되찾아 울부짖을 것만 같다. 나는 박제들이 하품하거나 찡거리는 것을, 소곤소곤 저희들끼리 이야기 나누는 것을 본 적 있다. 박제들은 분명 충동을 누르고 있는 것이다. 저들의 머리통이나 가슴통이 온통 지푸라기로 가득 찬, 저들의 눈알이 움직일 수 없도록 고정된, 오래 전에 누군가에 의해 박제가 되어버린, 다시는 소생할 수 없는 것들임에도 다시 살아날 것 같은 위기감과 억눌린 충동이 날마다 유리관을 팽팽하게 떠밀고 있는 것이다.

고라니

고라니 한 마리 공원을 돌아다닌다. 무성한 덩굴 아래 불안의 귀를 세우고 무언가 되새김질하던 것을 보았다. 갈림길에서 맞닥뜨려 후다닥 오리나무숲으로 달아나는 것을 본 적 있다. 그 선한 눈망울이 낯익다. 다래순이 향기롭던 전설의 영토를 잃고 어떻게 여기까지 흘러 들었을까. 아득한 산맥을 헤매고 다닌 그 궤적을 생각해본다. 하늘 높이 치솟은 아파트촌 뒷산 바쁜 햇빛에게서 밀려난 사람들 그늘에 앉아 허공을 바라보며 무언가 골똘히 되새김질하고 있다.

耳鳴

귀에서 무슨 소리가 들린다.
도리질을 해봐도 그 소리 떨칠 수 없다.
몸에 익은 멜로디 같기도 하고
환한 봄날의 복사꽃이 웅성대는 소리 같기도 하고
깊은 가을밤에 찌르레기가 우는 소리 같기도 하고
자갈밭을 지나가는 지엠시트럭 소리 같기도 하고
끌려가던 순한 짐승들의 울음이나
손으로 가린 흐느낌 같기도 한
그것은 내 몸에 각인된
내가 기억하지 못하는
저 빛나는 은하의 뒤편일 지도 모른다

스위치를 찾는다

살아있는 것들의 숨소리
살아있는 것들이 꾸는 꿈
꿈의 액즙을 빨아들여
차가운 벽을 더듬어 나간다
수반까지의 거리가 멀게만 느껴진다
이 밤의 어떤 의지가
고구마 줄기로 하여금
벽을 기어오르게 하는가
후회를 모르는 시간이 그의 머리 위에서 웃고 있다
어둠 속에서 맞는 아슬함
한밤 내 벽을 더듬어 스위치를 찾는다

3

박스들

혜성빌라 골목으로 난 검은 철문 앞
허리 굽은 노인이 젖은 박스들을 펴 말리고 있다.
아직은 간간이 이슬비 오락가락하는 장마의 끝자락
펼쳐놓은 박스들이 제 몸을 세우지 못하고 허물어져 있다.

골목 가장자리를 조심스럽게 차지한
이제는 아무것도 담을 수 없는 젖은 박스들

무엇인들 담지 않았으랴
한때 그 속을 꽉 채웠던
누군가를 위해 준비한 시간들이 빠져나간
저 헐거운 몸들

바퀴의 꿈

낡은 바퀴를 달고 숨가쁘게 달려왔다. 기름때가 묻은 작업복 차림의 인부들이 거대한 차체로부터 바퀴를 분해하여 폐차장의 창고에 던져넣는다.

창을 열면 해머를 든 남자들의 노랫소리 그 남자의 불거진 근육이 선명하다. 떨어져 나간 바퀴들의 꿈이 확대된다.

오랜 열망의 진흙을 덮어쓴 채 하루종일 나는 창고에 쌓여 있다. 온갖 이름의 쇠붙이들과 함께 이룰 수 없는 사랑을 꿈꾼다.

너트를 주운 날

오지 않는 버스를 기다리다가 아스팔트 위에 반짝이는 너트 하나를 주워들었다, 누가 흘리고 간 것일까. 이 은밀한 전갈을, 어디엔가 끼워 넣으면 피가 통할 것 같은, 광택이 좋은, 아직은 쓸만한 너트였다. 이 긴요한 너트를 버리고 헐거워진 관절을 끌며 주말 오후는 어디로 가고 있는가. 그의 병실을 찾아가는 나의 전도는 밝아왔다. 그의 암세포가 말기로 치닫는다 하지만, 아직은 쓸만한 너트를 갖고 있지 않는가. 광택이 좋은 너트를 처음 보는 순간 나는 전율했다. 반전의 짜릿한 예감 번복의 강한 유혹이 매달린다.

붉은 기름

아침 식탁에 올릴 참치캔을 딴다.
무딘 칼날이 도려내는 진공의 알루미늄 깡통 속에서
그를 만난다.
날 선 비늘과 핏줄이 제거되고
적당히 토막지어 가미된
이미 제 살의 본성을 상실한
부드러운 살코기의
제 혼자 즐기는 명상을 엿본다.
살코기에 샐러드유가 흥건하게 괴어 있다.
그는 지금 금연 중이다.
과음을 삼가하고
말수가 적어졌다.
그가 숟가락을 들어 국그릇의 붉은 기름을 걷어낸다.
참치캔을 따면서 나는 노래 부를 수도 있지만
내 노래는 언제나 잘려진 뚜껑의 톱니에 닿아 상처나곤 한다.

쥐

덫에 채인 채, 덫을 끌고 움직여 갔던 것이다. 장독간에서 대문 앞까지, 생을 마치는 순간까지 덫은 살을 파고들어 몸의 일부를 이루었다.

이 집은 처음부터 어떤 의도가 있을 수 없었다. 탐욕의 쥐는 이 거대한 집을 물고 늘어졌다. 처음에는 피아노 뒤의 외벽을 긁더니 천정의 묵은 어둠까지 물어뜯었다. 딱딱함이 그를 유인했을 것이다. 무모한 식욕을 자극했을 것이다. 이빨이 날카로운 것들의 본성을

어느 집이나 쥐들은 살고 있다. 방심하면 빠르게 번식한다. 걷잡을 수 없다. 덧없는 한 생애 싸움이 끝나는 아침, 이 집 사람의 새벽꿈이 보도블록 위에 낭자하다.

수성못

그날 밤 몇 개의 섬이 수성못으로 떠내려왔다. 비좁은 포장마차 속에 섬들은 무릎을 맞대고 마주 앉았다. 오랜만에 술도 마셨다. 삶은 홍합에 소주맛이 좋다고 섬들은 말한다. 거나하게 술에 취한 섬이 슬그머니 불을 밝혔다. 다른 섬들도 따라서 불을 밝혔다. 불빛에 드러난 섬의 모습에 전율을 느낀다. 섬의 오랜 어둠 속에서 흰 갈매기 떼가 날아오른다. 갈매기 울음소리가 못물 속에 깊이 잠겼다. 섬에서 새어나온 무수한 불빛이 못물 위에 어린다. 닿을 수 없는 뭍을 향해 섬들은 쉬임없이 불빛을 보내고 있다. 잠들지 못하는 섬들을 끌어 안고 수성못은 밤을 지샌다.

떠돌이별

어스름 구민운동장 구석에서 한 남자가 혼자서 걷는 연습을 하고 있다. 그 남자의 한 쪽 발이 번번이 허당으로 빠진다. 펄썩펄썩 먼지를 일으키며 지나온 길이 그에게 싸움을 걸고 있다. 일그러진 얼굴로 불구의 한 쪽 수족을 완강하게 끌어당기며 조금씩 앞으로 나아간다. 궤도를 벗어난 그의 생이 쉽사리 끌려오지 않는다. 운동복을 입은 사람들은 빠르게 트랙을 돌며 맹렬한 빛을 내고 있다. 불현듯 오래 전에 떠나온 별이 그리워져 먼 곳까지 흘러가버린 나를 부른다.

펄럭이다

너는 날마다 깃발 아래를 통과하여
사막의 聖殿으로 든다고 했다
아침마다 사랑 대신 깃발에 맹세를 한다
책상 앞에도 배식대 위에도 선명한 깃발이
잠 속까지도 따라와
일요일에도 너를 불러내어
너의 뼈 속에 암각화처럼 새겨져
술을 마셔도 젖지 않고 펄럭이지
너는 새가 되고 싶다고 노래하지만
날아가지 못하고
한낮에도 모래 바람 불어와
형광등이 심하게 흔들리는 그 곳
결재서류를 펼칠 때마다
짧은 말더듬으로 펄럭인다고

악기

칠성시장엘 가면 그의 노래를 들을 수 있지. 손수레에 너덜너덜 남루한 생애를 싣고 조명이 없는 무대 위로 그가 등장하면 술렁이던 시장이 조용해지지. 절단된 다리를 끌며 손바닥으로 기어와 때묻은 헝겊으로 에워싼 선이 짧은 마이크를 들고 노래를 부르네. 그의 노래는 힘줄이 불거진 성대를 타고 흘러나오지만 시장 바닥을 감전시키는 전류가 어디에서 흘러나오는지 사람들은 알 수 없다고들 하네. 상처의 몸이 뽑아내는 선율, 저 낡은 악기 몇 개의 현을 가졌을까.

어둠의 입

솔식당 고기는 맛이 좋아, 선선해
번호표를 받고 기다려야 하지
그렇게 많은 소들이 솔식당으로 오기 위해
아마존의 밀림을 성큼성큼 먹어버린다는 걸 몰랐네
그렇게 많은 소들이 솔식당으로 오기 위해
오랫동안 배를 기다린다는 걸 몰랐네

냉동된 어린 소들은 솔식당에 와서
목심, 등심, 갈비로 팔려나가지
길어지는 대기시간 무료함을 달래며
초식의 기억을랑 되살리지 말게
초목의 정령, 건초의 향기를 떠올리지 말게

가장 신선한 육회가 차려지거든
최고의 포식자 티라노사우루스 또는 고상한 정객들을 위하여
민감한 돌기가 진화하는 거대한 혀를 위하여 건배를
소진되는 햇빛 뒤로 쫓아오는 저 어둠의 입

욕지도

나에게 옷을 입혀주고, 반려가 되는 인간의 율법을 가르쳐주던 나의 어머니, 최초의 만남처럼 나는 당신 손에 안겨 섬에 버려졌습니다.

충직과 섬김은 나의 혈통, 나의 율법, 빈 집을 지키며 당신이 매어준 목줄의 반경을 떠난 적 없었습니다. 수많은 발자국 중에서도 당신을, 먼 바람 속에서도 당신의 향기를 알아냅니다. 당신의 아침을 깨우고 종일 당신의 발자국 소리만 기다렸습니다. 당신이 나를 버리는 순간도 꼬리를 흔들며 의심치 않았습니다.

밤이 되니 버려진 것들의 신음으로 섬이 어수선합니다. 알 수 없는 발사국 소리가 옅은 잠을 흔듭니다. 발설이 금기된 섬은 인간의 율법이 횡행합니다. 당신이 매어준 목줄을 끌며 기다립니다.

계단 위에서

어느날 불쑥
왼쪽과 오른쪽이 바뀌었다고
계단이 말한다.

자꾸만 틀린다.
나의 오른쪽과 왼쪽
자주 충돌이 일어나고
시비가 붙는다.

왼쪽과 오른쪽이
오른쪽과 왼쪽으로 바뀌듯
너에게로 가는 길도 바뀐다.
의식의 국경도
경작의 구획도

어느날 불쑥
아버지와 어머니가 바뀌고
아이와 어른이 바뀌고

사람과 여우가 바뀌고
어제의 나와 오늘의 내가 바뀌는
계단 위에서
세계는 지금 고민 중이다.

가시

반쯤 짓다만 아파트 공사장
채권단 붉은 현수막 장맛비에 젖고 있다
검은 피부의 인부들이 모여 앉아
술잔을 기울이며 속을 풀어낸다
몇 날이나 허기를 참으며 왔을까
깊은 바닷속 어딘가에 산란을 끝내고
뜨겁게 달아오른 석쇠 위에서
오그라드는 갯장어처럼
오그라든 가슴을 소주로 푼다
치근대는 장맛비에 조명이 어두운 식당
뻘처럼 끈적끈적 달라붙는 더위를 쫓으며
숯불에 익은 바닷장어를 먹는 것은
경전을 읽는 것처럼 비장하다
간혹 언성을 높여 그들은 거친 물길을 이야기한다
혀를 찌르는 가시를 가려내며

골목이 어둡다

대성장여관이 불야성을 이뤄도, 가로등이 줄지어 들어서도 골목은 어둡다. 해물탕집 쓰레기통 옆에서 술에 취한 남자가 토악질하고 있다. 삭이지 못한 그 남자의 하루가 아스팔트 위에 흥건하다.

원래 이곳은 정구지밭이었다. 밤이면 가로등이 필요 없었다. 포근한 어둠이 정구지들을 감싸 안았다. 짙은 정구지의 체취가 들판에 가득했다.

여리고 부드러운 그것들이 뿜어내던 초록 향기가 사라진 땅 위에 무겁고 단단한, 주체할 수 없이 거대해진 육체의 여관들이 딱딱한 껍질인양 마을을 에워싸고 있다.

기억

호두를 깨뜨릴 때 내가 당면하는 저항, 그것은 호두의 의지와는 상관없는 것이라 하더라도 호두는 제 스스로 껍질을 깨뜨리지 못하는 것이다. 그러나 나는 포기하지 않는다. 견고한 호두의 껍질을 깨뜨리고 싶다. 언제나 싸움이다. 너에게로 가는 길은, 호두알의 이쪽에서 느끼는 두려움, 나는 깨뜨리고 싶다. 껍질로 둘러싸인 것들만 보면 날카로와진다. 기억재생법으로 그는 나를 치료했다. 치료받는 사람은 모두를 말해야 한다. 단단한 봉합 속에 짓이겨진 시간, 응고된 핏덩이를 걷어내고 마침내 우리는 기억의 저 편 희고 가지런한 골짜기로 들어갈 수 있을 것이다.

4

불멸의 아버지

사월에 노스탤지어를 팔아서 갑부가 된 사내를 만났어요. 사내는 그 한 가지에 청춘을 바쳤다고요. 사내의 플로우차트에는 당신의 몸 속에서 쇠락한 아버지를 꺼내는 일, 상표를 붙이고 리본으로 장식하는 일, 리본을 단 아버지가 우마차를 타고 느리게 당신에게 가는 동안 아버지 여윈 발목 거친 발바닥으로 비벼놓은, 봄의 자궁 같은 무논에서 검은 알들은 물컹물컹 부화되고, 뿌리가 상한 당신도 라일락꽃처럼 피어나지요. 진한 향기의 노스탤지어가 봄바람을 타고, 날개 돋친 듯 팔려 나갑니다.

자주색 감자

나는 자주색 감자를 싫어하네
그 맛은 아리고 껍질은 너무 두꺼워
자주색 감자를 먹을 땐 목이 메이지
자주색 감자를 먹을 땐 두 손에 피멍 같은 물이 들지
비누로 지워도 오래도록 지워지지 않아
자주색 감자를 먹기 위해선
자주색 감자의 절망 속으로 들어가야만 되네
캄캄한 그믐밤 같은
불임의 아낙들이 살지
축담 위에 늙은 병이 사리고 있지
쇠뜨기나 엉겅퀴가 무성하지
자주색 감자 그 뜨거운 불 속에서
강신무들이 춤을 추네
툭 불거진 씨눈을 떼어 언 땅에 묻던 그 적막한 농사
자주색꽃 핀 것은 자주감자
나는 이 노래를 싫어하네

압화

오래된 책갈피 펼치다 너를 만난다
한 때 이슬 맺히고 번개가 지나가던 몸
비로소 주술이 풀린 듯 고요하구나
내 마음 갈피에도 자국이 깊다

어느 이름 모를 지상의 우체국에서
세상으로 보내는 마지막 편지 속 눈물방울

더 이상 갈 곳 없던 육체의 마지막 그 곳
그 벼랑 위의 꽃

몸, 참을 수 없이 무거운

의사는 옛 상처의 부위를 미심쩍게 짚어 보았다. 뼈 사진을 찍어보자고 했다. 〈골수염을 앓으셨군요.〉 믿을 수가, 마취도 없이 내가 어떻게 그걸, 의사는 맞은편 화면을 손으로 가리킨다. 흰 붕대가 끝도 없이 풀려 나오고, 화농이 흘러나오는 호롱불빛, 검은 고약이 녹여내던 밤의 진통, 마취도 없이 희미한 불빛 아래서 몇 사람의 사내들이 살갗을 찢고 단말마의 외침을 끄집어 낸다. 무수한 시간의 검은 점들이 모여 뼈 사진을 이룰 때, 온 몸의 근육들은 다시 긴장한다. 화면은 흔들림 없이 빠르게 움직인다. 고통도 없이, 비명도 없이, 화면 속의 옛 상처를 들여다본다. 〈무릎 부근이었군요. 재발은 아닌 것 같아요.〉 진행을 멈춘 상처의 부위에는 검은 반점들이 두껍게 몰려 있었다. 무수한 술어들이 기어나온다. 내 아직 무엇이라 이름 짓지 못하였던, 휴화산처럼 나의 뼛속 깊이깊이 숨어 있었던 옛 상처, 믿을 수가, 믿을 수가 없다.

중심

자정에 골목으로 나간다. 가로등은 벌써 몇 번이나 하품하였다. 야간 학습을 마치고 아이는 대성장여관이나 황금동 성당쪽에서 올 것이다. 그 어느 쪽도 미덥지 못하다. 그것들로 골목은 늘 닫힌 느낌이다. 나는 지금 닫힌 골목의 중심에 서서 아이를 기다린다. 어두운 골목 끝을 몇 번이나 끌어 당겼을 때 어둠덩어리의 아이가 골목의 한 끝에 이끌려온다. 아이는 무거운 짐을 지고, 들고 있다. 골목 끝에서 중심을 향하여 어머니,하고 외친다. 그 목소리가 닿는 순간 중심은 까맣게 숯이 된다.

그가 오기 전에

그가 오기 전에 날이 저물었네
그가 오기 전에 이름 모를 한 아이가 태어나고
아이의 어금니가 돋아나고, 유치가 흔들리고
아이는 초경을 치르고, 불혹을 넘기고
그가 오기 전에 서까래는 좀이 슬고
한 부족이 멸하고
한 세기 낡은 빛살이 떠나려하네
그의 혼백을 묻고, 제를 올려도
기다림은 끝나지 않네
내가 받은 유산은 끝 모를 기다림
내가 받은 유산은 건너가지 못하는 국경
영문도 모른 채 나는 격리되고
영문도 모른 채 나는 갇혔다

밥

아이들은 보충 학습을 하고
남편은 티브이를 볼 때 나는 밥을 지었다
그 나라에 내전이 일어나고
기근이 들어 사람들 죽어 갈 때도 나는 밥을 지었다
아침마다 수많은 도시락을 채워야함으로
자정부터 자지 않고 밥을 지었다
날마다 찬거리를 걱정하며 밥을 지었다
그가 파산했을 때도
그 마을이 쓰나미에 휩쓸려 사라졌던
그 때도 나는 밥을 지었다.
날마다 똑같은 밥을 지은 것은 아니다

천 개의 가면

어느 날 내가 없다. 자주 울리는 전화선 속에도 선인장 가시 속에도 어제 읽던 책의 행간에도 없다. 벗어놓은 외투와 손가방은 제자리를 지키는데 화장대 앞에도 컴퓨터 앞에도 싱크대 앞에도 없다. 아파트 뒷문으로 난 산책길, 잠시 쉬어가던 벤치에도 없다. 꼭 쥐었던 손을 어디에서 놓쳐버렸는가 기억의 실마리를 따라가본다. 지하철로 사무실로 반찬가게로, 다시 돌아와 식은땀 흘리며 누워 있을 때 어둠 속에 줄을 선 낯선 얼굴들, 정수리를 열고 안으로 들어온다. 수시로 나를 데리고 나갔던 저 천 개의 가면들, 밤새 안에서 다툼이 인다.

加恩

검은 탄가루 뒤집어쓰고 달리는 문경선
신기역 지나 진남역 지나 불정역 들어서면
가로수들 시름시름 진폐증 앓고 있지
종점은 언제나 막장 같은 느낌이 드네
헬멧 쓰지도 않고 폐광 속으로 어둠 헤치면
삽날 끝에 부딪히는 저 생생한 유적들
이토록 검푸른 탄이 되었을 줄이야
담장 밖에 흐드러졌던 여뀌꽃처럼
잔잔하게 터져나오는 옛날의 불꽃들

熱湯

등을 돌려 몸을 맡 긴 채 가만히 타일바닥에 앉아 계시는 어머니는 분명 옛날의 어머니가 아니다. 후회 없이 어머니의 벗은 몸을 보지 못한다. 은빛 명주실의 나날들이 빠져나간 어머니의 앙상한 갈비뼈, 그 긴긴 삶의 구릉을 씻겨나갈 때 충혈된 살갗들이 소리친다. 이 열탕 속에서 얼마나 꿈꾸었던가, 우리들의 탈바꿈을. 이제 주름투성이 어머니의 몸은 가볍다. 나의 손으로 충분히 감쌀 수 있을 것 같다. 어머니의 몸은 얼마나 더 작아지려는 것일까. 상승하는 수증기에 가려 잘 보이지도 않는다. 비누칠하는 손의 감촉만으로 남아있는 어머니, 열탕 속에서 땀을 흘리며 어머니의 몸을 받는다. 이제 막 태어나는 어머니, 나비처럼 가벼운

고비

임종을 기다리는 어머니 방 창 너머 봄 화창하다. 땅속에 뿌리 내린 것은 모두가 꽃을 피우고 있었다. 상한 뿌리에서 길어올리는 꽃향기가 길목마다 가득하다. 저 꽃 피우기까지 캄캄한 몸 속에서 얼마나 많은 불꽃이 일어났을까. 나는 종일 젖은 어머니를 닦아내며 그 불꽃 따라간다. 식은 땀 흘리며 긴긴 연두의 터널을 지나 저 눈물겨운 고비의 길

잉어찜

옛 강에 와서 잉어찜을 먹는다
오색 고명으로 단장되어 나온
비릿내를 제거해 한결 담백해진
죽은 아버지와 이루지 못한 첫사랑을
쇠젓가락으로 한 점씩
그것이 죽은 잉어라는 것도 잊은 채
억센 가슴뼈가 드러날 때까지
막소주를 곁들여
무지개를 쫓아온 불혹의 거친 손들이
옛 강이 키운 살찐 잉어를 뜯어먹었다
숨겨둔 치욕도 담담하게
희디흰 가슴 속살 헤쳐가면
오색 꿈의 잔해만 접시 위에 앙상하다

물고기의 잠

누군가의 신발 속에서
물고기는 아직 살아있다
가볍게 꼬리를 치며
이승을 선회하고 있다
상처가 없는 아이라곤 없었다
찔레꽃 향기가 아이들의 상처를 핥아주었다
물고기의 미세한 신경 속으로 스며들었다
돌아갈 강물을 잊은 채
누군가의 신발 속에서
물고기들은 깊이깊이 잠이 들었다

| 해설 |

고유종(固有種)의 기원

변학수(문학평론가, 경북대 교수)

일반적으로 시에 대해서 말을 많이 할수록 상대적으로 시의 의미는 축소된다. 시는 시로써 말을 하기 때문이다. 그렇기 때문에 아무리 장광설을 통해서 평을 잘한다 해도 시의 의미가 확장되기는커녕 그 의미는 항상 축소될 것이다. 시를 읽어 본 사람이라면 누구나 나의 이런 느낌을 공유할 것이다. 그러므로 시의 의미를 축소하지 않는 길은 오직 시로써만 쓸 때뿐이거니와, 지금은 그런 수사적 문체가 시대에 뒤진 감각 같이 느껴지므로 이 시를 읽은 나의 소감을 어쩔 수 없이 산문으로, 그것도 독자들과 공감하는 식으로 엮어가는 것이 좋을 듯하다.

시란 무릇 무수한 언변과 수사로 치장되거나 생각을 에둘러 멀리 돌아가려는 몸짓과는 거리가 멀다. 그러면 산문을 쓰는 편이 낫지 않겠는가. 특히나 우리가 읽

고자 하는 권운지의 시는 감정과 감각을 무기로 한 그런 예사로운 시가 아니다. 그보다 그의 시는 몸으로 보여주는, 때로는 우리의 감정을 불편하게 하는, 그래서 우리가 무엇을 잃었는지, 우리에게 아름다운 것이 남아 있기나 한지에 대한 물음을 제기하는 시다. 아마도 전통적인 시 관습을 즐기는(낭만적인 회고나 감정적인 아름다움을 목표로 하는) 독자라면 이런 시를 어려워할 지도 모른다. 그러나 반대로 시인의 정원 뒷문으로 나가는 열쇠를 얻을 수만 있다면 현대시의 놀라운 비밀과 즐거움을 얻을 수도 있다. 그러므로 우리는 먼저 시인의 그 비밀의 정원에 들어갈 열쇠를 찾아본다.

적도 아래 갈라파고스 제도가 있다.
거센 해류와 수많은 암초로
바다 한가운데 저마다 고립되어
섬마다 방울새나 거북이가 진귀한 진화론을 쓰고 있는
갈라파고스 갈라파고스 갈라파고스
나직이 되뇌어 보라.
멀지 않은 곳에 갈라파고스가 있다.
춘란이 꽃을 피우지 못하는 사무실
책상 아래 무수히 뒤엉킨 전선들
수백만 볼트에도 감전되지 않는
잠을 잊은 야행성으로

생존을 위한 이 혹독한 진화
우리는 이 섬의 고유종이 되고 있는 것이다.
—「갈라파고스」 전문

이 시를 읽으며 나는 시인의 상상력과 시적 완결성에 놀라움을 감출 수 없었다. 갈라파고스라 이름 붙인 이 시에는 생물진화의 야외실험장이 또 하나 있다. 그것은 바로 시인의 생활공간으로서 "춘란이 꽃을 피우지 못하는 사무실"이자 "책상 아래 무수히 뒤엉킨 전선들"로 인해 생긴 "수백만 볼트에도 감전되지 않는/잠을 잊은 야행성"이 살고 있는 지구의 21세기다. 인간들은 '다윈'이란 열쇠로 갈라파고스라는 곳을 열어 동물 진화의 근본을 알 수 있었지만, 시인은 "나직이 되뇌어 보라."고 요청하는 엄숙한 제사장의 목소리로 우리의 비밀스런 세계를 엿보게 한다. 그런 인간은 이런 갈라파고스를 음송하며 진화하는데 그 소리가 어째서 필자에겐 "갈라파고스"로 들리지 않고 '가고파'로 들리는 것일까?

권운지의 시가 각별한 것은 그가 여기서 인간의 존재의 맥락 상실에 대한 깊은 통찰력을 보여주기 때문이다. 날개가 퇴화한 갈라파고스의 코바네우란 동물처럼 꽃을 피우지 못하는 "춘란", 감전되지 않는 생물은 분명 존재에 대한 불편함이라는 시인의 시적 통찰력을 제시하고 있다. 그러나 시인은 이 시를 통해 생활세계에 대한 단순한 비판을 넘어서고 있다. 만약 시인이, 그래서 시가 그런 비판이라면 그것은 환경론자의 주장과 별반 다를 바 없을 것이다. 비판의 문턱을 넘어 시인은 인간적 고유종이 그리워하는 갈라파고스 제도 같은 원시적 비무장 상태로 귀환하려는 의지를 갖고 있다. 그곳에서 우리는 원시인이 그랬던 것처럼 삶을 싱싱함으로 풀어내는 의식을 행할 수 있을 것이다. 그것은 이 시가 만들어내는 빈자리이자 상상력이다. 그것에 의지하여 그의 정원에 좀 더 깊이 들어가 본다.

> 제재소 앞을 지나올 때 죽은 나무가 뿜어내는 향기에 몸서리친다. 죽은 나무의 혈액이 아침에 넘기는 책장에 묻어있다. 나는 본다. 은폐된 봄의 이미지, 맹렬하게 돌아가는 전기톱과 완강하게 통나무를 밀어넣는 사내들의 말없는 노동, 줄지어 기다리는 야적장의 나무들을. 절단된 꿈의 비명이 톱밥처럼 흩어지는 봄날, 억압된 충동들이 켜켜이 잘리어져 우리들의 의도와는 상관없이 생소하게 변형되고 있는 것을. 사내들의 손에 들리어져 나와 가지런히 묶여지는 저 희고 향기로운 판자들은 무엇일까. 라디오에서는 종일 뇌사에 대한 논쟁이 격렬하다. 한 죽음이 오랜 세기 동안에도 종료될 수 없음을 본다. 이 봄날
>
> —「봄에 쓰는 시」 전문

시는 판단을 유보하거나 멀리함으로써 판단한다는 말은 이 시인의 시어를 생각할 때마다 사뭇 옳다는 느낌을 준다. 시가 판단이 아니므로 우리는 이 시를 읽을 때 조금 긴장을 해야 할 듯하다. 이 시의 소재는 '책'이자 "뇌사"일 것이다. 과연 시인이 뇌사라는 것을 낭만적으로 생각하면서 책으로 변형되어 영겁으로 살아가는 어떤 불교적 사유를 말하려는 것인가? 그리하여 사람이 뇌사 상태가 되어도 생명을 끊지 말 것과 그것에 생명이 있음을, 그리고 불멸함을 말하려는 것일까? 그렇지는 않은 듯하다. 설령 시가 무엇을 판단하고 있을지라도 그것은 이 시가 직접 말하는 그런 산문은 아닐 것이다. 그렇다면 우리는 이 시에서 어떤 반향을 듣고 무엇을 이해할 것인가.

앞의 시 「갈라파고스」에서도 보았다시피 시인이 겨냥하고 있는 것은 육체적 결핍 그 자체이다. 결핍되지 않는 것은 욕망할 수 없다. 달리 말해 우리는 충족된 것을 욕망하지 않는다. 나아가 시가 '이미지를 그리지 이미지가 지시하는 것을 그리지 않으므로' 시인은 이 시에서도 "은폐된 봄의 이미지", 즉 근원적인 인간의 모습을 이미지로 그려내려 하고 있다. 그것은 아무것도 판단하지 않고 아무것도 지시하지 않음으로써만 가능하다. 시는 그저 "뇌사"한 상태의 인간으로(보여질 수 있는) 어떤 것 속에 함몰되어 느끼고 예감하지도 못하는 것을 그리고 있다. 그것은 시인의 마음속에 있고 독자의 마음 속에 존재할, '알 수 없는 그 무엇' 이다.

프랑스 아이들 동요 중에 이런 노래가 있다. "닭이 죽었네. 닭이 죽었네. 이제 죽었으므로 '꼬끼요' 하고 울 수 없네. 이제 죽었으므로 '꼬끼요' 하고 울 수 없네." 어쩌자는 건가. 죽었으므로 울 수 없다는 사실을 노래한단 말인가! 명민한 독자라면 이처럼 부정성에서 의미가 생기는 원리를 터득했을 터, 이 불친절한 산문으로서의 언어 속에 포함된 단순성과 부정성이 소홀치 않은 '충동들' 과 '생소하게 변형된' 시적 예기(銳氣)를 담고 있다는 것을 부정할 수 없으리라. 난 그것을 해석하고 싶지 않다. 왜냐하면 무릇 신경증자가 그렇듯 시인도 "무지에 대한 의지(ne rien vouloir savoir)"를 갖고 있기 때문이다. 아무것도 모를 권리!

시인은 아무것도 알고 싶지 않으므로 시는 대상에 대해서보다도, 몸에 대해 더 많은 노래를 하는 것이다. 그것도 우리가 오늘날 아이돌 그룹이 보여주고 있는 그런 자태의 '몸' 이 아니라 우리를 불편하게 하는 '몸' 이랄까, 그것도 아니라면 프로이트와 들뢰즈의 말을 빌려 '반복하는 몸' 이라고 할 수도 있을 것이다.

플러그를 꽂고서야 피가 돌았다. 호흡이 시작되고, 청각과 미각이 살아났다. 놀이공원 회전목마처럼 가슴이 뛰었다. 플러그를 꽂고서야 아침이 왔다. 육중한 생산 라인이 돌기 시작했다. 거대한 컨베이어벨트를 타고 조간신문이, 우유배달 아줌마가 왔다. 나는 날마다 업그레이드된다. 나의 몸 어딘가에 시끄러운 대륙이 들어오고, 오염된 바다가 출렁인다. 나는 날마다 용량이 늘어나고, 자주 어지러움증에 시달린다. 평형기관에 심각한 이상이 생겼다. 몸은 캄캄하고 계기의 수치들은 불안정하다. 의사는 플러그를 뽑지 말아야 한다고 경고한다.

—「플러그」 전문

우리는 계몽의 강령(프로그램)을 안다. 인간은 동물보다 우수하다. 그 이유는 인간이 사유할 수 있고 그 동물적 존재를 벗어날 수 있으므로 그렇다. 동물은 존재하는 직접적인 상태를 자기 힘으로 벗어날 수 없고 다른 동물에 의해서만 벗어난다. 그렇게 벗어나는 일이란 만신창이가 되어 죽음을 맞이하는 일이다. 고라니가 천적에게 물려 죽는 방식으로만 자기 자신을 벗어나듯 말이다. 그에 반해 인간은 '내적 부정'을 통해 직접적인 자기 상태를 지속적으로 벗어난다(헤겔). 인간은 자기 자신을 극복해야 할 장애로 여기고, 이 장애를 부정함으로써 "날마다 업그레이드된다."

우리의 시인은 이런 계몽의 강령의 정반대편에 있다. 시는 정신이 아니라 몸의 우위를 보여주고 있다. 마치 동물을 찬양하는 사람처럼. 질 들뢰즈는 이렇게 말한다. "동물들은, 비록 필연적으로 서로 죽이기는 하지만, 죽음을〔결국 몸을〕 자신 속에 품고 있지는 않다." 동물은 직접적으로 주어진 자신의 존재를 긍정적으로 받아들이고 존재를 즐긴다. 그러나 인간은, 니체가 말하듯 자기 존재를 '가책'의 대상으로 여긴다. 프로이트는 이 가책을 오이디푸스 콤플렉스, 즉 '죄의식'이라 말했다. 몸에서 멀어진 인간이므로, 자연에서 멀어진 인간이므로, 기계에 의존하는 인간이므로, 그런 인간은 곧 "플러그를 꽂고서야" 가능해진다. 정신이 지배하는 몸은 이제 "캄캄하고 계기의 수치들은 불안정한" 상태로 전락하고 말았다. 권운지의 시는 이런 음화를 통해 무엇을 추구하고 있는 걸까.

> 나무들마다 비닐호스를 박아 놓았다. 누군가 고로쇠나무의 수액을 받고 있다. 고로쇠 물만이 그의 병을 고칠 수 있다고 한다. 고로쇠 물은 고로쇠의 늑골에서 흘러나오는 어둠 눈 덮인 지리산에 가면 그 물을 먹을 수 있다. 그 어둠을 만날 수 있다. 뼛속 깊이 박힌 얼음 알갱이를 녹여내는, 어둠의 환골탈태를 볼 수 있다. 플라스틱 통을 가득 채운 그것은 모두 고로쇠의 살갗을 뚫고 나온 물, 3월에

눈 덮인 지리산으로 가는 길이 이처럼 고독한 줄 몰랐다.
—「고로쇠나무」 전문

인간에게 플러그를 꼽든지 고로쇠나무에게 비닐호스를 박아 수액을 받든지 이제 몸은 더 이상 의식과 욕망의 대상이지 즐기는 몸은 아니다. 그것은 어떤 식으로든 "잉어찜"으로 뜯어 먹히든지 "냉동된 어린 소"처럼 구워 먹히든지 그렇다. 그러므로 이제 몸은 아름답거나 선한 것으로 보이지 않는다. 그저 볼 때마다 죄의식과 수치심이 들 뿐인 대상으로 전락하였다. 그렇게 된 몸은 이제 살아서 즐거움 맛보는 그런 상태는(아마 그런 상태를 우리는 근대의 시인들에게서 많이 찾아본다) 아닌 어떤 것이다. 그보다는 이제 하나의 기계, 하나의 사물 그런 것으로 바뀌었고 그것은 인간의 생산라인에 불과한 것이다.

시인이 그저 보여주기만 하는 "생산라인"은 그저 '몸—기계'라는 동기만을 보여주지 않는다. 시 「가방」에서 보이는 "헐거워질 대로 헐거워진/세워놓아도 자꾸만 한쪽으로 기울어지는" 몸은 시인의 경험공간에 자리할 지도 모를 하나의 반복, 트라우마이기도 하다(사실 권운지에게서의 시적 상상력은 곧 트라우마가 그 출발점이다.). 트라우마, 우리말로 외상, 또는 그것이 찢어진 부위와 헷갈린다고 하여 사람들이 내상(內傷)이라고 이름 짓기도 하는 외상이란 근원적으로 인간이 어머니로부터 분리되어 태어날 때부터 천형으로 부여받는 것이다. 그것은 원래 초기기억에 속하므로 반복을 통하여서만 감지된다.

혜성빌라 골목 검은 철문 앞
허리 굽은 노인이 젖은 박스들을 펴 말리고 있다.
아직은 간간이 이슬비 오락가락하는 장마의 끝자락
펼쳐놓은 박스들이 제 몸을 세우지 못하고 허물어져있다.

골목 가장자리를 조심스럽게 차지한
이제는 아무것도 담을 수 없는 젖은 박스들

무엇인들 담지 않았으랴
한때 그 속을 꽉 채웠던
누군가를 위해 준비한 시간들이 빠져나간
저 헐거운 몸들
—「박스들」 전문

프로이트는 "신경증자는 기억하는 대신 반복한다"는 말을 한 적이 있다. 몸은 반복을 통하여 그 존재를 입증한다. 우리의 상처는 한번으로 만들어지지 않는다. "헐거운 몸"이 되는 순간 "제 몸을 세우지 못하고 허물어져" 있는 "비에 젖은" 박스 같은 기억은 몸으로 체현된다. 시는 몸(사람들은 시가 생각이나 느낌인줄 안다)이기에 그저 반복한다. 시는 생각하지 않는다. 반복이 하나의 시를 출현시킨다. 그것은 "내 아직 무엇이라 이름 짓지 못하였던, 휴화산처럼 나의 뼛속 깊이깊이 숨어 있었던 옛 상처"(「몸, 참을 수 없이 무거운」)처럼 다시 반복된 것이기에 시로서 자리매김될 수 있다. 그러므로 우리가 그의 시에서 느끼고 감지하는 것은 그의 시가 해석할 수도, 알 수도 없는 지점에 있다고 감히 말할 수 있을 것이다. 그저 "허리 굽은 노인"이며 "비에 젖은 박스"일 뿐이지만 그 스펙트럼은 넓다.

사월에 노스탤지어를 팔아서 갑부가 된 사내를 만났어요. 사내는 그 한 가지에 청춘을 바쳤다고요. 사내의 플로우차트에는 당신의 몸속에서 쇠락한 아버지를 꺼내는 일, 상표를 붙이고 리본으로 장식하는 일, 리본을 단 아버지가 우마차를 타고 느리게 당신에게 가는 동안, 아버지 여윈 발목 거친 발바닥으로 비벼놓은, 봄의 자궁 같은 무논에서, 검은 알들은 물컹물컹 부화되고, 뿌리가 상한 당신도 라일락꽃처럼 피어나지요. 진한 향기의 노스탤지어가 봄바람을 타고, 날개 돋친 듯 팔려 나갑니다.

—「불멸의 아버지」 전문

비현실적인 얘기로 들릴지 모르지만 실제로 노스탤지어를 판매하는 곳을 우리는 쉽게 만난다. 7080 가요들이나 막걸리, 여성의 빨간 속옷 등으로부터 실제적으로 심리적 장애치료는 노스탤지어 산업에 속한다. 그러나 그렇다 한들 시인이 여기서 그런 실용주의적 발상을 구상하려 하겠는가. "진한 향기의 노스탤지어"라는 말로 매개되는 과거의 직접성을 나타내는("라일락"이나 "무논" 같은 것으로 대변되는) 흔적은 비록 의심스럽고 낡은 것이기는 해도 우리에게 어떤 치유의 계기를 준다. 이러한 직접성의 흔적을 통해 충족되는 동경이나 그리움은 기만이 되고 동시에 그것은 악한 것이 되기도 한다. 이 시에서 말하는 "사내"는 이미 보았던 사내이고, 시인이 속한 이것은 기존 질서에 의해 영원히 거부되기 때문에 또한 노스탤지어란 말로써 정당화된다.

이제 처음 들어온 비밀의 정원 문으로 다시 돌아가 본다. 권운지의 시는 말로 포장하지 않고 값싼 감정을 드러내지 않는다. 그는 상처를 보여주지만 울지 않고, 분노하지만 소리치지 않는다. 이것이 시인이 탐색한, 진정한, 저 시적 고유종(固有種)의 기원일 것이다. 몸을 버린 인간의 원시적 욕동에 대한 갈망이 진하게 묻어나는 시들이다. "좋은 감정으로 좋은 문학이 되지 않는다"는 스탕달의 말을 진정으로 실감한 시들이었다. 시인은 말로 표현할 수 없는 것을 말로 표현하려고 애쓰지 않고 표현된 것에 함의하는 놀라운 시적 숙련성을 지니고 있다. 짧은 지면에 함께 하지 못한 시적 아우라들 또한 독자들은 놓치지 않고 마음에 담아낼 것이다.

권운지

본명 권점출(權点出), 1951년 경북 문경 출생.
안동교육대학, 영남대학교교육대학원 졸업.
1982년 『현대시학』으로 등단, 시집 『소작인의 가을』, 『빈집의 나날』, 4인시집 『쥐똥나무가 수상하다』를 출간하다.
대구광역시 동구교육지원청에 재직중이다.

갈라파고스

초판 1쇄 펴낸 날 / 2011년 10월 20일

지은이 / 권 운 지
펴낸이 / 박 진 환

펴낸 곳 / 만인사
등록번호 / 1996년 4월 20일 제03-01-306호
주소 / (우)700-813 대구광역시 중구 대봉2동 743-7
전화 / (053)422-0550
팩스 / (053)426-9543
홈페이지 / www.maninsa.co.kr

ISBN 978-89-6349-028-1 03810

값 8,000원